BOEKANALYSE

AF126369

Memoires van Hadrianus

· · · · · · · · · · · · · · · · · · ·

MARGUERITE YOURCENAR

BOEKANALYSE

Geschreven door David Noiret
Vertaald door Nikki Claes

Memoires van Hadrianus

MARGUERITE YOURCENAR

Kennis binnen handbereik!

MUST READ

www.50minutes.com

Fris uw favoriete onderwerpen op
met onze praktische titels

MARGUERITE YOURCENAR

FRANS-AMERIKAANSE SCHRIJVER

- **Geboren in Brussel in 1903.**

- **Overleden in Mount Desert Island (Maine, USA) in 1987.**

- **Opmerkelijke werken:**

  - *Oriental Tales* (1938), korte verhalen...

  - *Memoires van Hadrianus* (1951), roman

  - *The Abyss* (1968), roman

Marguerite de Crayencour, beter bekend als Marguerite Yourcenar, werd in 1903 in Brussel geboren. In 1980 werd zij als eerste vrouw verkozen van de Académie Française (een prestigieuze Franse instelling voor taalaangelegenheden). In haar vroege jaren reisde ze veel, voordat ze tijdens de Tweede Wereldoorlog naar Mount Desert Island (Maine) in de Verenigde Staten verhuisde. Daar doceerde zij Franse literatuur en kunstgeschiedenis en bleef daar tot haar dood in 1987.

Yourcenar was gepassioneerd door humanisme en klassieke cultuur, wat haar ertoe bracht een literaire carrière te beginnen die romans (*Memoires van Hadrianus*; *De afgrond*), essays, dichtbundels, korte verhalen (*Oosterse verhalen*), toneelstukken en vertalingen omvatte. Hoewel de 20e-eeuwse literatuur werd gedomineerd door avant-gardistische trends en bewegingen, onderscheidt Yourcenars werk zich door haar klassieke stijl en grote aandacht voor het verhaal.

MEMOIRES VAN HADRIANUS

DE BRIEF VAN EEN ROMEINSE KEIZER AAN ZIJN OPVOLGER

- **Genre:** roman

- **Referentie-uitgave:** Yourcenar, M. (2000) *Memoires van Hadrianus*. Trans. Frick, G. Londen: Penguin.

- **1e editie:** 1951

- **Thema's:** biografie, herinnering, Romeins leven, politiek, het Romeinse Rijk, liefde, oorlog

Memoires van Hadrianus werd geschreven over een periode van meer dan 25 jaar. Yourcenar begon aan de roman te werken tussen 1924 en 1929, maar stopte ermee en herschreef hem verschillende keren voordat hij hem uiteindelijk in 1951 publiceerde en wereldwijde erkenning kreeg als auteur.

De roman is zowel een historische roman als een fictieve autobiografie, omdat hij geheel gewijd is aan het onderzoeken van de herinneringen van de Romeinse Hadrianus (76-138). Deze herinneringen hebben de vorm van een lange brief gericht aan "Marcus", die in werkelijkheid Marcus Aurelius (121-180) is, zijn toekomstige opvolger. Het boek bestaat uit zes hoofdstukken met titels in het Latijn, die elk een eerdere periode uit het leven van de keizer beschrijven.

Samen vormen ze een compleet verhaal van Hadrianus' opkomst in de hoogste regionen van het Rijk, verteld door Hadrianus zelf terwijl hij het einde van zijn leven nadert.

SAMENVATTING

De roman heeft de vorm van een brief van Hadrianus aan
Marcus Aurelius, toen 17 jaar oud. Hadrianus' doel is zijn
eigen geest te onderzoeken en "audiëntie te houden met zijn
herinneringen" (p. 29).

DE OPKOMST VAN EEN NIEUWE KEIZER

Hadrianus is geboren in Italica, Spanje, maar zegt dat zijn
"eerste thuislanden [waren] boeken" (p. 40). Zijn vader sterft
als hij 12 is, en hij wordt door zijn voogd Acilius Attianus naar
Rome geroepen. Hij ontwikkelt een liefde voor Griekenland
en brengt daar enkele jaren door, maar wordt al snel aangetrokken door de macht en rijkdom van Rome en zegt dat "ik
eindelijk geleerd heb mezelf te accepteren" (p. 49). In Rome
maakt Hadrianus geleidelijk naam.

Hadrianus sluit zich aan bij de legioenen die langs de Donau
vechten en wordt bevelhebber. Ondertussen wordt keizer
Domitianus (51-96) vermoord en opgevolgd door Nerva (30-
98), die op zijn beurt wordt opgevolgd door zijn geadop-
teerde zoon Trajanus (53-117), Hadrianus' neef, die een
expansionistische politiek voorstaat. Hoewel Trajanus aan-
vankelijk enigszins vijandig staat tegenover Hadrianus, wordt
hij geleidelijk milder.

Op 28-jarige leeftijd trouwt Hadrianus met Sabina op aanra-
den van keizerin Plotina (gestorven in 122), met wie hij een
zeer hechte vriendschap heeft. Hij gaat nooit echt van zijn

vrouw houden, maar accepteert haar aanwezigheid als een noodzakelijk onderdeel van het leven voor iemand van zijn stand.

Na de overwinning van Trajanus op de Daciërs (het volk van Dacië, een streek in het huidige Roemenië) wordt Hadrianus, die gouverneur van Pannonië (een streek die grenst aan de Donau) is geworden, uitgezonden om de Sarmaten (een volk dat een streek ten noorden van de Zwarte Zee bewoonde) te bestrijden. Nadat hij de orde in de regio heeft hersteld en zijn vijanden heeft verslagen, legt Hadrianus zijn soldaten, die het platteland hebben geplunderd, een soberheidsbeleid op om een boerenopstand tegen het leger te voorkomen.

Trajanus, die ziek is geworden, blijft de grenzen van het Rijk verder naar het oosten opschuiven, zelfs als een aantal eerder veroverde staten in opstand komen tegen de Romeinse invallers, waardoor het Rijk in een crisisperiode belandt. Ondertussen twijfelt Hadrianus over zijn toekomst, maar Trajanus sterft kort daarna en Hadrianus, inmiddels 40 jaar oud, wordt tot zijn opvolger gekozen. Hij maakt een triomfantelijke terugkeer naar Rome, waar hij wordt begroet met gejuich en ophemeling.

DE GOUDEN EEUW

Hadrianus begint nieuw beleid uit te voeren, met als doel vrede in zijn rijk te brengen door middel van onderhandelingen ("Elke overgang van de ene heerschappij naar de andere ging gepaard met dweiloperaties", blz. 94). Attianus schakelt de weinige bekende vijanden van de keizer uit, waardoor de vrede in Rome kan opbloeien. Hadrianus begint dan te werken aan de verbetering van de levenskwaliteit van zijn onderdanen (met name voor slaven en vrouwen), begint een "intelligente reorganisatie van de wereldeconomie" (p. 106).

Hij maakt ook een aantal reizen door Europa. Hij mag dan "een vreemdeling in elk land" zijn (blz. 111), omdat hij in Spanje is geboren, in Griekenland heeft gestudeerd en zijn hele leven lang voortdurend onderweg is geweest, maar hij merkt ook op dat "ik mij nergens een vreemdeling voelde" (*ibid.*) vanwege de hechte groep bekwame, loyale mensen die hem vergezelden. In Bithynië ontmoet hij een jongeman, Antinous genaamd, en wordt verliefd op hem: "Geleidelijk ontwikkelde zich een intimiteit. Hij vergezelde mij daarna op al mijn reizen, en de fabelachtige jaren begonnen" (p. 136). Zijn geluk wordt nog groter als hij in Athene Arrianus van Nicomedia (Grieks historicus en filosoof, 95-175) ontmoet, en de twee mannen ontwikkelen een hechte vriendschap. Kortom, Hadrianus' Gouden Eeuw is in volle gang.

Hij blijft heersen over Germania en Britannia (het huidige Engeland, Wales en Zuid-Schotland) en neemt het devies *Tellus stabilita* ("stabiele grond") aan, een weerspiegeling van zijn eigen wens om vrede in de wereld te brengen. Hij sluit ook een permanent vredesverdrag met het Parthische Rijk (een volk dat het huidige Iran bewoonde) en verdiept zich in de studie van de astronomie. Hij herbouwt het Pantheon in Rome volledig en verankert zijn naam in de lijst van oude Romeinse triomfen die tijdens het jaarlijkse stads-feest gevierd. Op 44-jarige leeftijd wordt hij geprezen en vergoddelijkt.

HADRIAN'S VERDRIET

Maar "beetje bij beetje veranderde het licht" (p. 149), en zijn relatie met Antinous begint te verslechteren. Nadat hij opdracht heeft gegeven tot bouwwerkzaamheden in Jeruzalem, reist Hadrianus met zijn geliefden naar Alexandrië, en Antinous verkiest zelfmoord te plegen door zich in de Nijl te verdrinken in plaats van zich door de ouderdom te laten verwoesten. Hadrianus wordt overmand door verdriet, en hij besluit de stad Antinoopolis (het huidige Egypte) te stichten als eerbetoon aan zijn jonge favoriet.

Vanaf dat moment stort Hadrianus zich met steeds meer toewijding op zijn rol als keizer. Hij ziet toe op het bestuur van Antinoopolis en werkt aan de opkomst van een opgeleide middenklasse in Klein-Azië. Hij bouwt een nieuwe bibliotheek in Athene en geeft de stad een nieuwe grondwet, terwijl hij ook zijn eigen intellectuele en spirituele opleiding voortzet. Hij ontwikkelt belangstelling voor het christendom en bespreekt de voorschriften van het geloof met zijn vriend Arrianus.

Aan de andere kant gingen "de Joodse zaken van kwaad tot erger" (blz. 197). Ondanks Hadrianus' wens om in Jeruzalem dezelfde religieuze tolerantie in te voeren als in de rest van het Rijk, oorlog in Judea onvermijdelijk. Na vier jaar strijd tegen Simon Kokhba (leider van de Bar Kokhba-opstand, gestorven ca. 135) krijgt Judea de naam Palestina, terwijl Jeruzalem wordt als Aelia Capitolina.

Terug in Rome krijgt Hadrianus weer zin in de fijnere dingen van het leven, maar kan zichzelf nooit vergeven dat hij de dood van de jonge man van wie hij niet heeft voorkomen.

DE EINDAFREKENING

Op 57-jarige leeftijd keert Hadrianus triomfantelijk, maar ziek en verzwakt terug naar zijn land. De tijd is gekomen om zijn opvolger te kiezen en zijn eigen dood voor te bereiden. Het is een moeilijke keuze, maar Hadrianus kiest uiteindelijk Antoninus (86-161), een vooraanstaand burger en lid van de Senaat, en adopteert hem. Hadrianus verklaart ook dat hij wil dat Marcus Aurelius Antoninus opvolgt en dat deze hem adopteert. De keizer ziet dit als een daad van voorzichtigheid, omdat hij met deze handelwijze de toekomstige stabiliteit van het Rijk wil waarborgen, voor zover hij daartoe in staat is; hij acht zich in zijn recht om zijn eigen opvolgers voor de komende twee generaties te kiezen. Bovendien mag Marcus Aurelius dan jong en ongetest zijn, hij is toegewijd aan de studie van filosofie en wijsheid. Als zijn heerschappij ten einde loopt, wordt Hadrianus vereerd.

Na zijn publieke taken trekt Hadrianus zich terug in zijn villa in Tibur. Zijn vriend Arrianus, nu gouverneur van Klein-Armenië, schrijft hem in een brief dat hij het eiland van Achilles (mythische held uit de *Ilias*, ca. 1200 v. Chr.) heeft gevonden. Hij heeft grote bewondering voor deze legendarische held, die na de dood van zijn geliefde Patroclus in een immense wanhoop was gedompeld, waarna het leven voor hem alle betekenis verloor. Als Hadrianus' lichaam verzwakt en hij het spook van de dood groot voor zich voelt opdoemen, probeert hij een aantal keren zelfmoord te plegen. Maar als hij ziet hoezeer deze zelfmoord-pogingen Antoninus benauwen, besluit hij uiteindelijk de natuur haar gang te laten gaan.

Aan het eind van zijn leven herinnert de oude, zieke Hadrianus zich alle vreugden die hem langzaam zijn ontglipt. Hij herinnert zich zijn paard, Borysthenes, dat hij niet meer kan berijden, de jacht, lekker eten, de liefde en de genezende kracht van de slaap.

KARAKTERSTUDIE

De hoofdpersonen van deze roman zijn historische figuren die echt hebben bestaan. De gebeurtenissen in het verhaal zijn gebaseerd op historische feiten, hoewel ze niet altijd helemaal accuraat zijn.

HADRIAN

Hadrianus (wiens volledige naam Publius Aelius Hadrianus was) is zowel de hoofdpersoon als de verteller van de roman, aangezien deze bestaat uit zijn eigen verslag van zijn herinneringen.

Hadrianus is complex en onvoorspelbaar, en heeft een grote belangstelling voor kunst en alle andere denkbare kennisgebieden. Dit onderscheidt hem van de rest van zijn familie, die geen belangstelling heeft voor cultuur of de zaken van het Romeinse Rijk. Hij heeft zo'n grenzeloze bewondering voor de Griekse beschaving en cultuur dat hij, ondanks zijn status, zelfs dat "het in het Grieks is dat ik zal gedacht en geleefd" (p. 42). Hadrianus is ook voorstander van gematigdheid: hij waakt ervoor nooit af te drijven naar het ene of het andere uiterste, en verbindt zich nooit volledig aan één standpunt. Hij geeft ook blijk van grote wijsheid, die tot uiting komt in zijn gekozen levensstijl: hij handhaaft een constante harmonie tussen zijn geest en zijn lichaam, en scherpt beide gedurende zijn hele leven aan.

Hoewel hij een vreedzaam heerser is, aarzelt hij niet om oorlog te voeren als er geen andere manier is om vrede te stichten; in feite beschouwt hij de jaren die hij als legeraanvoerder heeft doorgebracht als enkele van de gelukkigste van zijn leven, en voelt hij menselijke band met de vijandelijke strijdkrachten waartegen hij vecht. Hij is ook een toegewijde filantroop die zijn zorg voor gewone mensen nooit verliest, zelfs niet nadat hij vergoddelijkt is. Wanneer het begin van zijn bewind nieuwe munten worden geslagen, is het motto dat hij op elke munt laat graveren *Humanitas, Felicitas, Libertas* ("Menselijkheid, Geluk, Vrijheid"), en hij doet alles wat in zijn macht ligt om deze spreuk waar te maken.

Hij wordt vooral gemotiveerd door het verlangen om aardig gevonden te worden, en deze drijfveer stelt hem in staat een trouwe, toegewijde groep aanhangers aan te trekken die hem helpen op te klimmen naar de hoogste regionen van de Romeinse samenleving.

Hoewel hij verliefd wordt op enkele vrouwen, is hij totaal niet geïnteresseerd in zijn vrouw Sabina en voelt hij zich vooral aangetrokken tot jonge mannen als Lucius en vooral Antinous.

ATTIANUS

Omdat Hadrianus' vader stierf toen hij 12 was, wordt zijn opleiding in Rome begeleid door Acilius Attianus, die eerst als zijn voogd optreedt en uiteindelijk als een van zijn persoonlijke adviseurs nadat hij tot keizer is benoemd. Hij maakt deel uit van Hadrianus' trouwe groep medestanders, en Hadrianus, die hem beschrijft als een "oude lijder aan jicht, die alleen maar op pad ging om te dienen" (p. 79), beschouwt hem als een echte vriend.

Attianus biedt aan Hadrianus' vijanden voor hem uit te schakelen wanneer deze de troon bestijgt, maar hij is zo toegewijd aan Hadrianus dat hij veel meer executies uitvoert dan hem bevolen was, en adviseert Hadrianus vervolgens hem zijn positie als prefect te ontnemen om de daaruit voortvloeiende opstand de kop in te drukken. De keizer doet dit, maar Attianus is niettemin in staat om later toe te treden tot de Senaat, en "leefde van de gemakkelijke dag van een rijke Romeinse ridder" (p. 94).

PLOTINA

Plotina is de vrouw van keizer Trajanus en daarmee keizerin. Zij speelt een belangrijke rol in de keuze van Hadrianus als de volgende heerser van het Romeinse Rijk: hoewel de omstandigheden waaronder Trajanus zijn testament schreef in nevelen gehuld zijn, lijkt het erop dat Plotina de regels over zijn opvolger dicteerde terwijl de voormalige keizer op sterven lag, of in ieder geval Hadrianus' naam erin schreef.

Hadrian Plotina, die even oud is als hij, als een belangrijke bondgenoot en zijn enige vrouwelijke vriendin.

LUCIUS

Lucius is 18 wanneer Hadrianus hem voor het eerst ontmoet, en hij zegt over hun ontmoeting: "Deze dansende jonge faun vulde zes maanden van mijn leven" (p. 99). Een zekere mate van rivaliteit ontstaat tussen Lucius en Antinous, Hadrianus' favoriet, het bezoek van de keizer aan Alexandrië.

Hadrianus besluit hem tot zijn opvolger te benoemen en adopteert hem. Lucius neemt vervolgens de naam Lucius Aelius Caesar aan, maar zijn vroegtijdige dood verhindert zijn opvolging. Zijn zoon Lucius Aurelius Verus (130-169) wordt door Antoninus geadopteerd en wordt naast Marcus Aurelius Romeins keizer van 161 tot zijn dood in 169.

ANTINOUS

Hadrianus is gefascineerd door deze jonge Griek uit Bithynia vanaf het moment dat hij hem ontmoet, en beschrijft hem vaak in oxymoronische termen: "Ik verwonderde me over zijn zachtheid, die ook aspecten van hardheid had" (p. 136). Aan hun hartstochtelijke, vluchtige romance komt een tragisch einde wanneer de jongeman zichzelf verdrinkt in de Nijl, omdat hij liever voor dit lot kiest dan neer te leggen bij het begin van de ouderdom en het verlies van zijn uiterlijk.

Hadrianus sticht de stad Antinoopolis op de oostelijke oever van de Nijl ter nagedachtenis aan hem, en sticht ter ere van hem een religieuze sekte die zich verspreidt over een aantal regio's van het Rijk. Hadrianus vergelijkt zijn eigen affaire met Antinous met de legendarische romance tussen de tragische helden Achilles en Patroklos.

ARRIAN

Arrianus van Nicomedia, "een van de beste geesten van onze tijd" (p. 120), is Hadrianus' beste vriend. Hij is een stoïcijns filosoof en een leerling van Epictetus (ca. 50-125), is 12 jaar jonger dan Hadrianus en schrijft een geschiedenis van zijn land, Bithynië. Hij deelt veel van de passies van de keizer, met name een fascinatie voor mystiek.

MARCUS AURELIUS

De jonge ontvanger van deze memoires is 17 jaar wanneer Hadrianus ze schrijft. Hij is gekozen om zijn adoptievader Antoninus op te volgen, die zelf Hadrianus zal opvolgen als Romeins keizer. Hoewel zijn geboortenaam Marcus Annius Verus was, neemt hij vervolgens de naam Marcus Aurelius aan.

Als de persoon tot wie Hadrianus' memoires zijn gericht, fungeert Marcus Aurelius als een soort plaatsvervanger voor de lezer. De tekst is doorspekt met enkele regels die Marcus Aurelius rechtstreeks aanspreken, en door het gebruik van het persoonlijk voornaamwoord "u" kan de lezer zich met hem identificeren en het gevoel krijgen dat Hadrianus zich persoonlijk tot hem richt. Hadrianus wil zijn ervaringen en overwegingen over zijn leven delen met zijn jonge opvolger om hem voor te bereiden op de rol die hij uiteindelijk zal gaan vervullen. In die zin kan *Memoires van Hadrianus* ook worden beschouwd als een didactische roman.

 ## ROMEINSE POLITIEKE SYSTEMEN

Voordat het een keizerrijk werd, werd Rome bestuurd door middel van twee andere politieke systemen: een Koninkrijk, dat werd ingesteld bij de stichting van de stad, en een

Republiek, die het Koninkrijk in 509 v. Chr. omverwierp en standhield tot 27 v. Chr. De natie werd pas een Keizerrijk ten tijde van Augustus (63 BCE-14 CE). Tijdens Hadrianus' jeugd werd het Rijk geregeerd door Domitianus, die vervolgens werd opgevolgd door Nerva, die wordt beschouwd als de stichter van de Antonijnse dynastie (92-192). Toevallig hadden noch Nerva noch de drie volgende keizers die hem opvolgden – dat wil zeggen Trajanus, Hadrianus en Antoninus Pius (86-161) – zonen, en daarom kozen zij hun erfgenamen door adoptie. Hadrianus zorgde ervoor dat Marcus Aurelius en Lucius Verus, de zoon van Lucius Ceionius, door Antoninus werden geadopteerd en zo in de lijn van opvolging kwamen.

ANALYSE

EEN HYBRIDE ROMAN

Memoires van Hadrianus is een zeer originele roman, die vooral voortkomt uit het feit dat het een aantal verschillende literaire genres combineert. Het is tegelijkertijd:

- **Een historische roman** met een echte figuur als hoofdpersoon en een ongelooflijk authentiek portret van de periode waarin deze persoon leefde (zie de aantekeningen van de auteur aan het einde van de roman). De tekst is dus een hervertelling van de geschiedenis.

- **Een fictieve autobiografie**, want keizer Hadrianus beschrijft zijn leven (zijn biografie) tot in de kleinste details. Dit is echter een fictieve autobiografie omdat de verteller niet de auteur is.

- **Een briefroman**, gezien het feit dat de roman begint met "Mijn beste Marcus". Hieruit blijkt dat het bedoeld is om gelezen te worden als een brief gericht aan een andere persoon, in dit geval Marcus Aurelius. Deze brief omvat het hele verhaal, en Hadrianus richt op verschillende punten rechtstreeks tot de ontvanger om zijn (of de lezer) aandacht te trekken. Het hoofdstuk *Patientia* begint ook met een andere brief, geschreven door Arrianus en gericht aan de keizer.

BETEKENISVOLLE TITELS

De keuze om de titel van elk hoofdstuk in het Latijn te schrijven toont aan dat Hadrianus, ondanks zijn beleden liefde voor Griekenland en het hellenisme, nog steeds de Romeinse keizer is en daarom de officiële taal van het rijk, het Latijn, spreekt.

- Het eerste hoofdstuk is een soort proloog waarin Hadrianus zijn bedoelingen uiteenzet. De titel, *Animula vagula blandula* ("Kleine ziel, zacht en drijvend"), is eigenlijk een fragment uit een van de overgeleverde gedichten van Hadrianus zelf, en in zijn grafschrift. Als zodanig geeft het weer dat Hadrianus het einde van zijn leven nadert, dat zijn lichaam verzwakt en zijn ziel zich opmaakt om verder te gaan. Het herinnert de lezer er ook aan dat de vijf hoofdstukken die volgen retrospectief zijn, en zijn geschreven vanuit het perspectief van een man die terugkijkt op zijn leven, vanaf het begin tot het einde dat hij nu heeft bereikt.

- *Varius multiplex mulitformis* ("Veelzijdig, veelvoudig en onvoorspelbaar"), het tweede hoofdstuk, vertelt ons over de persoonlijkheid van de keizer. Hij verzorgt zijn lichaam, voert zowel oorlog als vrede, reist veel, houdt van vrouwen en mannen, onderwijst zichzelf, leest veel, schrijft poëzie en muziek, beheert zijn provincies, bestuurt zijn rijk, interesseert zich voor de sterren en het occulte, enzovoort. Hij is almachtig en alomtegenwoordig, een levende god die in zijn hele rijk wordt aanbeden en in onafhankelijke gebieden wordt gerespecteerd. Als keizer is zijn uiteindelijke doel verscheidenheid binnen de eenheid.

- *Tellus stabilita* ("Stabiele grond"), de titel van het derde hoofdstuk, is het motto dat wordt gebruikt in zijn keizerlijke propaganda. Het wordt uitgebeeld door een standbeeld van een liggende jongeman die vruchten en bloemen vasthoudt, wat illustreert hoe Hadrianus' reputatie is gebouwd op de idealen vrede en politieke stabiliteit.

- *Saeculum aureum* ("Gouden Eeuw"), de titel van het vierde hoofdstuk, markeert zowel het hoogtepunt van Hadrianus' heerschappij als het begin van zijn fysieke en emotionele verval. Deze uitdrukking grijpt terug op de tijd van Pericles (Atheens politicus, ca. 495-429 v. Chr.), die wordt beschouwd als de Atheense Gouden Eeuw (5e eeuw v. Chr.).

- *Disciplina augusta* ("Keizerlijke discipline"), het voorlaatste hoofdstuk, toont een ouder wordende Hadrianus die begint te begrijpen dat hij niet almachtig is. Hij neemt de laatste stappen die nodig zijn om de toekomst van het Rijk veilig te stellen en keert terug naar zijn krijgshaftige wortels door oorlog te voeren Judea.

- Het laatste hoofdstuk, *Patientia* ("Geduld"), zou kunnen worden omschreven als een epiloog. Geduld was de enige kwaliteit die Hadrianus voorheen ontbeerde, en die hij nu eindelijk ontwikkelt, nu hem niets anders rest dan te wachten op de dood. De slotalinea van de roman, "Kleine ziel, zachtaardig en drijvend, gast en metgezel van mijn lichaam, nu zul je beneden verblijven in bleke plaatsen, grimmig en kaal; daar zul je je spel van weleer opgeven" (p. 247), is een vertaling van het grafschrift van de keizer, en sluit aan bij het eerste hoofdstuk. Hiermee is de cirkel van het verhaal rond: Hadrianus heeft zijn plichten als keizer vervuld en kan nu in vrede sterven.

EEN TIJDPERK GEKENMERKT DOOR RELIGIEUZE ONRUST

Hadrianus leefde in de 1e en 2e eeuw, waarin in Rome (waar een zekere mate van religieuze tolerantie was ontstaan) godsdiensten werden beleden, hetgeen aanleiding gaf tot een aantal conflicten die in naam van de verschillende monotheïstische godsdiensten werden uitgevochten en die vaak uiterst bloedig waren.

Hadrian's overtuigingen

Romeinse keizers werden door de godsdienst van het Rijk als goden beschouwd: "Zelfs in Rome, waar we pas na onze dood officieel goddelijk worden verklaard, neigt de instinctieve vroomheid van het gewone volk er steeds meer toe ons bij leven te vergoddelijken" (p. 128). In *Tellus stabilita* stapt Hadrianus volledig in deze rol: "Als Jupiter het brein is van de wereld, dan kan de man die de menselijke zaken organiseert en voorzit, zichzelf logischerwijs beschouwen als een deel van die allesbeheersende geest" (*ibid.*). Er was echter geen aspect van religie dat een diepgaande persoonlijke invloed op Hadrianus had dan de Mysteriën, die in die tijd steeds meer verspreid raakten. De Mysteriën waren geheimzinnige religieuze sekten waartoe men alleen kon toetreden door een inwijdingsritueel te ondergaan, en tijdens Hadrianus' verblijf in de Griekse stad Eleusis wordt hij ingewijd via een ritueel ter ere van Demeter (de Griekse godin van de oogst). Dit inspireert Hadrianus tot een diepgaande fascinatie voor de sterren en de hemel, die hij ziet als symbolen van de cyclus van "overgang en terugkeer" (p. 130) en die, wanneer ze bestudeerd en gemediteerd worden, de mensheid in staat stellen een transcendent bestaansniveau te bereiken.

De cultus van Mithra is het tweede Mysterie dat in de roman een grote rol speelt. Het is wreed gewelddadig van aard, omdat het tot doel heeft een verbinding tot stand te brengen tussen de werelden van de levenden en de doden. Hadrianus wordt tijdens de oorlog tegen de Daciërs ingewijd in deze cultus en merkt dat de soldaten die cultus volgen een gevoel van onkwetsbaarheid krijgen, wat hun moed versterkt. In *Saeculum aureum heeft* hij echter ook een tweede kennisma-king met het Mithraïsme. Hoewel zijn eerste ervaring met sekte positief leek, lijkt deze episode getint met een voorge-voel. In dit geval is het Antinous die wordt ingewijd in de sekte, en de inwijding vindt plaats in een donkere grot waar een stier wordt geslacht en Antinous wordt gedrenkt in zijn bloed. Toen Hadrianus dit zag, werd hij vervuld van afschuw en besloot hij de grot af te sluiten. Zijn plotselinge afschuw lijkt de voorbode van Antinous' tragische lot, want hij pleegt slechts een paar bladzijden later zelfmoord.

Christendom

Hadrianus vertelt ook een episode waarin hij een brief ont-vangt van een christelijke bisschop, Quadratus genaamd, die bestaat uit een verdediging van het christendom gericht aan de keizer. Hierna herkauwt Hadrianus deze "sekte" uitvoerig en overdenkt de voorschriften ervan en zijn eigen opvattin-gen erover. Zijn interpretatie van de religie is sterk beïnvloed door zijn eigen polytheïstische cultuur: "Deze jonge wijsgeer [Jezus] lijkt enkele leringen achter te hebben gelaten die niet lijken op die van Orpheus" (p. 187). Hoewel hij het nut erkent van een religie die de behoeftigen helpt, is hij bezorgd over de onverenigbaarheid van bepaalde aspecten van de christelijke leer met de Romeinse cultuur: de morele leer ontkent de deugd van de viriliteit, en het dogmatisme ervan zou een bedreiging vormen voor de relatieve tolerantie van Rome voor religieuze diversiteit. Hadrianus gelooft ook dat het christelijke ideaal van anderen liefhebben zoals men zichzelf liefheeft onmogelijk te verwezenlijken is, omdat iedereen ofwel te veel ofwel te weinig van zichzelf houdt.

Jodendom

De weergave van het jodendom in deze roman is een nogal netelige kwestie. De Zeloten (een Joodse sekte die zich tegen elke buitenlandse bezetting wilde verzetten en geen genade toonde aan wie zich tegen hen verzette) leiden een omvangrijke opstand tegen Hadrianus, die ontaardt in een burgeroorlog en uiteindelijk in een oorlog tegen het Rijk. Hadrianus spreekt daarom zeer scherp over het jodendom en beschrijft zowel als "een bijgeloof dat zeer ongunstig is voor de vooruitgang van de kunsten" (p. 197) en "fanatisme" (p. 199). Hij vindt het moeilijk dit monotheïstische, onbuigzame geloof te begrijpen:

> "In principe heeft het jodendom zijn plaats onder de godsdiensten van het rijk; in de praktijk weigert Israël al eeuwenlang om één volk onder vele anderen te zijn, met één god onder de goden. De meest primitieve Daciërs weten dat hun Zalmoxis in Rome Jupiter wordt genoemd; [...] Geen ander volk dan Israël heeft de arrogantie om de waarheid volledig te beperken binnen de nauwe grenzen van één enkele opvatting van het goddelijke en beledigt daarmee de veelvormige aard van de Godheid, die alles omvat [...]." (p. 198)

Yourcenar heeft veel beschuldigingen en kritiek gekregen vanwege deze harde beschrijving, vooral omdat de roman vlak na het einde van de Tweede Wereldoorlog werd gepubliceerd. Het is echter vermeldenswaard dat Yourcenar schrijft vanuit het denkbeeldige perspectief van de keizer, wiens mening wordt gekleurd door zijn eigen Romeinse cultuur, waar verschillende religies naast elkaar kunnen bestaan, en door het feit dat hij tegenover geduchte tegenstanders staat.

DE KRACHT VAN DE TAAL

Om ervoor te zorgen dat haar verhaal naadloos aansloot bij de antieke setting, besteedde Yourcenar veel aandacht aan de taal die zij gebruikte en creëerde zij een schrijfstijl met subtiele echo's van het Latijn. De roman is oorspronkelijk in het Frans geschreven, en recreëert de "smaak" van de oudheid door overal enigszins archaïsche taal te gebruiken. Het is ook interessant op te merken dat *Memoirs of Hadrian* in het Engels werd vertaald door Grace Frick (Amerikaans vertaalster, 1903-1979), Yourcenars levenspartner, die nauw met de auteur samenwerkte om ervoor te zorgen dat de Engelse vertaling zo getrouw mogelijk was aan de oorspronkelijke tekst. Sommige van de schrijfstrategieën die Yourcenar gebruikte om de tekst zo authentiek te maken, zijn dan ook nog in de Engelse vertaling terug te vinden, met name de reproductie van Latijnse grammaticale structuren en gebruik van gedateerde taal.

Yourcenar putte veel directe inspiratie uit het Latijn. Dit gebeurt in de vorm van zowel directe als indirecte citaten van verschillende lengte, waarvan sommige in de oorspronkelijke taal zijn gelaten (zoals de hoofdstuktitels), maar waarvan de meeste door Yourcenar zijn vertaald. Spartianus

(Romeinse historicus uit de 3e eeuw) was bijvoorbeeld een van de primaire bronnen die Yourcenar gebruikte, die een vrij letterlijke vertaling gebruikt zijn citaat "*uxorem* [...] *morosam et asperam*" om Hadrianus' vrouw te beschrijven, wat in de Engelse vertaling wordt weergegeven als "morose and acid" (p. 217) (Poignault, 1984: p. 296).

Uiteraard zijn deze kenmerken veel duidelijker in het oorspronkelijke Frans, waarin ook een aantal stijltrends van de classicistische literatuur doorklinken, een literaire stroming die in Frankrijk in de 17e en 18e eeuw tot bloei kwam. Het werd gekenmerkt door een heldere, geordende stijl die de strakke grammaticale structuren van het Latijn weerspiegelde. Door deze stijl te imiteren en ouderwets taalgebruik te gebruiken, wist Yourcenar een literair register te creëren dat de setting van de roman aanvult en de lezer laat opgaan in een voorbije tijd.

EMPIRISCHE FILOSOFIE

Aan het begin van de roman legt Hadrianus uit hoe hij zijn relatie met de wereld om hem heen ziet als een soort filosofie die hij een "contacttheorie" noemt. Deze naam weerspiegelt zijn overtuiging dat iemands begrip van de wereld niet uitsluitend gebaseerd moet zijn op filosofische gedachten, die te abstract en los van de werkelijkheid zijn. In plaats daarvan meent hij dat we een begrip van de wereld moeten vormen door onze ontmoetingen met anderen, vooral via onze zintuigen, en door de som van onze ervaringen met de wereld onszelf. Hij legt het als volgt uit:

> *"Ik heb er soms aan gedacht een systeem van menselijke kennis te con-*
> *strueren dat gebaseerd zou zijn op erotiek, een contacttheorie waarin de*
> *mysterieuze waarde van elk wezen erin bestaat ons juist dat perspectief*
> *te bieden dat een andere wereld ons biedt." (p. 24)*

Hadrianus' verklaarde wens om zichzelf te definiëren door de ogen van anderen lijkt misschien verrassend, aangezien deze roman de vorm van een fictieve autobiografie. Immers, een autobiografie is per definitie een introspectief werk waarin de verteller zijn eigen levensverhaal onderzoekt in een poging zijn leven en, bij uitbreiding, zichzelf te begrijpen. Uit Hadrianus' verslag van zijn leven blijkt echter dat het altijd zijn relaties met anderen waren die hem in staat stelden zijn begrip van de wereld zodanig te ontwikkelen, te transformeren en te verbeteren dat hij er uiteindelijk over kon heersen. Deze theorie van contact vergemakkelijkte dus ook zijn opgang tot keizer, en het kan zeker worden gesuggereerd dat een van Hadrianus' fictieve doelen met het schrijven van deze lange brief aan zijn opvolger – een jonge man die goed thuis was in droge filosofische verhandelingen, maar weinig contact had met de buitenwereld – was om hem ervan te overtuigen dat dit soort contact onontbeerlijk is voor een keizer die over zo'n groot, complex en divers rijk regeert. Hadrianus maakt zelfs een subtiele opmerking van deze strekking door tegen de jonge Marcus Aurelius te zeggen: "Ik heb mijn boeken niet, zoals u, meegenomen naar de keizerlijke loge" (p. 97). Bovendien kan deze contacttheorie ook worden toegepast op het lezen en schrijven, omdat het de lezer en de schrijver in staat stelt tijdelijk in de schoenen van een ander te gaan staan.

GESCHIEDENIS EN ZIJN GRENZEN
IN DE HISTORISCHE ROMAN

Hoewel de aantrekkingskracht van deze roman grotendeels voortkomt uit de weergave van de antieke wereld, die inherent vreemd is aan de onze, is hij ook bedoeld om herkenbaar te zijn voor lezers. De roman werd voor het eerst gepubliceerd in het midden van de 20e eeuw, een periode die werd gekenmerkt door wereldwijde conflicten en de opkomst van massale industrialisatie, kapitalisatie, globalisering en liberalisme. Yourcenar verspreidt in het boek subtiele maar onmiskenbare boodschappen aan haar hedendaagse lezers. Door deze kleine schakels in de tijd kan Hadrianus, een keizer met een diepgaand begrip van de wereld en de manier waarop die werkt, opvallend scherpzinnige inzichten verschaffen over de waarschijnlijke toestand van de wereld in de komende jaren, terwijl Yourcenar ook commentaar kan leveren op de wereld waarin zij leeft. In de volgende passage legt Hadrianus bijvoorbeeld zijn gedachten over de samenleving van zijn tijd uit, waarbij hij zich concentreert op de slavernij, nadat hij al eerder zijn opvattingen over vrouwen had besproken:

> *"Ik betwijfel of alle filosofie in de wereld erin kan slagen slavernij te onderdrukken; het zal hoogstens de naam veranderen. Ik kan me vormen van slavernij voorstellen die erger zijn dan de onze, omdat ze verraderlijker zijn, of ze mensen veranderen in domme, zelfgenoegzame machines, die zichzelf vrij achten net wanneer ze het meest onderworpen zijn, of dat ze met uitsluiting van vrije tijd en pleziertjes die essentieel zijn voor de mens, een passie voor werk ontwikkelen die even gewelddadig is als de passie voor oorlog onder barbaarse rassen. Boven een dergelijke gebondenheid van de menselijke geest en verkies ik zelfs onze openlijke slavernij."* (p. 104)

Het lezen van deze lijnen doet denken aan de filosofische, sociologische en politieke denklijnen die opkwamen aan het eind van de 19e eeuw, toen het begrip werk werd veranderd door de komst van het industriële en postindustriële tijdperk, die geleidelijk aan de menselijke vrijheden aantastten.

De roman zinspeelt ook op de rampen die de 20e eeuw hebben geteisterd. Bijvoorbeeld, aan het einde van de roman schrijft Hadrian:

> *"Catastrofe en ondergang zullen komen; wanorde zal zegevieren, maar van tijd tot tijd ook orde. Tussen twee perioden van oorlog zal zich weer vrede vestigen; de woorden menselijkheid, vrijheid en rechtvaardigheid zullen hier en daar weer de betekenis krijgen die wij daaraan hebben trachten te geven. Niet al onze boeken zullen vergaan [...]" (p. 245)*

Hier spreekt Yourcenar via Hadrianus om te zinspelen op de wereldoorlogen, met name de Tweede Wereldoorlog. Op die manier vermijdt ze ook dat de roman zich uitsluitend op het verleden oriënteert, en maakt ze het de lezer mogelijk zich actief met de roman bezig te houden en na te denken over de periode waarin hij leeft.

VERDERE REFLECTIE

ENKELE VRAGEN OM OVER NA TE DENKEN...

- In Hadrianus' tijd werd het christendom beschouwd als een sekte. Wat vindt u als 21e-eeuwse lezer van deze houding, en wat vindt u van Hadrianus' houding tegenover deze sekte (zie *Disciplina augusta*)?

- Hoewel Hadrianus' daden niet altijd deugdzaam waren, vindt u hem bewonderenswaardig?

- Tijdens de Bar Kokhba-opstand waren Joodse rebellen bereid te sterven voor hun geloof in de juistheid van hun zaak. Bestaat dit soort, fanatisme nog steeds in deze tijd? Leg je antwoord uit.

- Geef commentaar op deze zin van Hadrianus: "Ik voelde me verantwoordelijk voor het in stand houden en vergroten van de schoonheid van de wereld" (p. 119).

- "Ik betwijfel of alle filosofie in de wereld erin kan slagen de slavernij te onderdrukken: het zal hoogstens de naam veranderen" (blz. 104). Bent u het eens met keizer Hadrianus? Wat is uw mening over dit onderwerp?

- In *Tellus stabilita* citeert Yourcenar de beroemde zin van Pierre Corneille (Franse tragicus, 1606-1684) "Rome is niet meer in Rome" (*Sertorius*, 1667). Hoe zou u deze spreuk interpreteren?

- Hoe verklaart u Hadrianus' houding tegenover zelfmoord? Veroordeelt hij het?

- Zijn er overeenkomsten tussen Marguerite Yourcenar en Hadrian? Zo ja, welke?

- Marcus Aurelius was een aanhanger van de stoïcijnse filosofie, en zijn geschriften, bekend als *de Meditaties*, worden beschouwd als een van de belangrijkste overgeleverde teksten over het stoïcisme. Vergelijk zijn opvattingen met die van Hadrianus.

- Stel je een verfilming voor van *Memoires van Hadrianus*. Welke technieken zou je gebruiken om de lyrische, klassieke schrijfstijl van Marguerite Yourcenar over te brengen?

VERDER LEZEN

REFERENTIE-UITGAVE

Yourcenar, M. (2000) *Memoires van Hadrianus*. Trans. Frick, G. Londen: Penguin.

*We horen graag van jou! Laat
een reactie achter op jouw online bibliotheek
en deel je favoriete boeken op social media!*

Waarom kiezen voor Must Read?

Kom alles te weten over een boek met onze beknopte en diepgaande samenvattingen en analyses!

Ontdek het beste uit de literatuur in een compleet nieuw licht!

www.50minutes.com

De uitgever garandeert de betrouwbaarheid van de gepubliceerde informatie, die echter niet onder zijn verantwoordelijkheid valt.

© 50minutes.com, 2023. Alle rechten voorbehouden.

www.50minutes.com

Master ISBN: 9782808687720
Papier ISBN: 9782808699129
Wettelijk depot: D/2023/12603/1192

Omslag: © Primento

Digitaal ontwerp: Primento, de digitale partner van uitgevers.